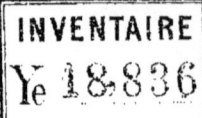

ÉTUDES
SUR
DIEU, L'AME ET LA NATURE

PAR LE

Docteur COLMANT, de Bavay.

En toutes choses l'œuvre
Annonce un ouvrier.

PREMIÈRE PARTIE.

BAVAY
IMPRIMERIE DE NESTOR JOUGLET, LIBRAIRE-ÉDITEUR
12, GRAND'PLACE, 12

1873

ÉTUDES

SUR

DIEU, L'AME ET LA NATURE

PREMIÈRE PARTIE.

ÉTUDES

SUR

DIEU, L'AME ET LA NATURE

PAR LE

Docteur COLMANT, de Bavay.

PREMIÈRE PARTIE.

En toutes choses l'œuvre
Annonce un ouvrier.

BAVAY

IMPRIMERIE DE NESTOR JOUGLET, LIBRAIRE-ÉDITEUR

12, GRAND'PLACE, 12

1873

ÉTUDES

SUR

DIEU, L'AME ET LA NATURE

PRÉAMBULE

Les objets dans lesquels, montés sur des supports,

Des rouages divers sont mus par des ressorts

Ou par d'autres moteurs tels qu'un corps élastique,

Le vent, l'eau, la vapeur, le fluide électrique ;

Tout ce qui nécessite une intervention

De l'esprit et la main pour sa confection :

Un objet d'art quelconque, une arme meurtrière,

Un splendide palais, même une chaumière

Ont tous eu pour auteur un être intelligent.

En vit-on se former jamais spontanément ?

Si des temps écoulés on consulte l'histoire

On n'y découvre rien qui puisse faire croire
Qu'un objet de ce genre ait jamais existé,
Qu'il se soit seulement une fois présenté.
Aussi lorsque quelqu'un découvre une machine,
Soit d'espèce inconnue et d'antique origine,
Aux siècles primitifs dût-elle remonter,
Loin de croire que seule elle ait pu s'enfanter
On est tous convaincus, par sa seule présence ;
Qu'un ouvrier jadis lui donna l'existance :
Cette conviction a lui spontanément,
Avant que la raison émette un jugement.
On croirait dépourvu de sens, même vulgaire,
Quiconque adopterait l'opinion contraire :
Que le temps, par exemple, aidé par le hazard,
Eut pu la faire naître ou plus tôt ou plus tard,
Qu'elle peut être enfin l'œuvre de la nature.
Personne n'admettrait pareille conjecture :
Tant elle est opposée à la conviction
Qu'inspire le bon sens et l'observation.

De ces assertions ressort la conséquence,

Par le temps confirmée et par l'expérience,

Que si seul un objet ne peut s'édifier

En toutes choses l'œuvre annonce un ouvrier.

FIN DU PRÉAMBULE.

ÉTUDES

sur

DIEU, L'AME ET LA NATURE

PREMIÈRE ÉTUDE

Ainsi toute machine ou simple ou compliquée
Par l'esprit est conçue et la main fabriquée.

En est-il autrement de l'homme et l'animal,
Des êtres composant le règne végétal ?
Voyons l'homme d'abord, à lui la préférence,
Faisons abstraction de son intelligence,
Bornons notre examen à son corps seulement.
Le corps est, on le sait, pour l'âme un instrument :
Par les sens il lui donne, à partir de l'enfance,
Des objets extérieurs l'exacte connaissance ;
Sur son ordre, plus tard, devenu grand et fort
Il brave les périls, la douleur et la mort ;

Il agit ou s'arrête, en un mot fonctionne

Avec précision en tout ce qu'elle ordonne.

D'un autre maître encore il est le serviteur,

Après l'âme ce maître en est le directeur,

On le nomme l'instinct, avec eux il sommeille,

Quand cesse leur repos, avec eux il s'éveille ;

Jusqu'à ce qu'il expire à tous deux obéit.

Ainsi qu'une machine enfin s'use et périt :

Telle une mécanique, avec soin restaurée,

S'anéantit après son terme de durée.

DEUXIÈME ÉTUDE

Aux machines le corps, sous bien d'autres rapports,

Est semblable : il contient des leviers, des ressorts ;

Ses mouvements ont lieu selon la loi vulgaire,

Laquelle en mécanique est la règle ordinaire ;

Une machine marche à l'aide d'un moteur,

Pour faire agir le corps il faut un impulseur.

Quoiqu'il soit, ce moteur, d'une essence invisible

Néanmoins ses effets le rendent perceptible :

La volonté le guide et lui donne l'essor

Et lui fait contracter tous les muscles du corps.

Les os sont ses leviers, les muscles sa puissance,

La partie à mouvoir forme la résistance ;

Par les nerfs, ce moteur transmet inapperçu,

Au muscle à contracter l'ordre qu'il a reçu,

On voit les os alors rouler sur leurs poulies,

Et mouvoir, en tous sens, les diverses parties,

Qui composent le corps, en suivant l'ordre émis

Par le principe auquel ce moteur est soumis.

Semblable à la vapeur qu'un machiniste habile

Fait servir d'impulseur à sa locomobile,

Ce moteur met aussi, sur le commandement

De l'âme et de l'instinct, le corps en mouvement.

Ainsi le corps humain n'est qu'une mécanique,

Mais jusqu'en ses détails parfaite et magnifique,

Elle a la faculté de se régénérer,

De s'entretenir seule et de se restaurer ;

Loge l'âme et l'instinct, sert d'intermédiaire

Dans les relations entr'eux et la matière ;

Leur donne, par les sens, la notion des corps

Et transmet, par la voix, la pensée au dehors.

TROISIÈME ÉTUDE

L'animal, par le corps machine véritable,

Est, à la forme près, au corps humain semblable ;

Par la vie il diffère et l'instinct son moteur

Des machines dont l'homme est l'habile inventeur.

Sans doute en comparant l'œuvre la plus hardie,

La plus ingénieuse et la plus accomplie,

Dont le génie humain est reconnu l'auteur,

Non au moindre animal, en tous sens supérieur,

Mais au chétif insecte ? à la mouche, à l'abeille,

Au végétal ? la vigne et sa grappe vermeille,

On reconnais ceux-ci par leur perfection,

Supérieurs aux produits de notre invention.

Néanmoins il existe assez de ressemblance

Entr'eux pour en conclure, avec pleine assurance

Que si seul un objet ne peut s'édifier,

Les êtres, compris l'homme eurent un ouvrier.

QUATRIÈME ÉTUDE

On n'en peut point douter il existe pour l'homme

Un suprême ouvrier et c'est Dieu qu'on le nomme,

Non le Dieu du mystique ; ayant les passions,

Tous les défauts de l'homme et ses affections ;

Moins encore le Dieu que sert le fanatique,

Du glaive et du bûcher partisan frénétique,

Immolant pour convaincre, implacable et cruel !

Mais un Dieu bienfaisant, parfait et éternel.

L'auteur des êtres donc n'est point une chimère ?

Pour nous en convaincre et le mettre en lumière,

Guidé par le bon sens, scrutons soigneusement

La terre, ses produits, même le firmament ;

Nous trouverons partout le signe indélébile

Qu'il est de l'univers l'arbitre et le mobile ;

A l'inerte matière il donne l'action,

Aux œuvres la durée et la perfection.

C'est ce triple cachet de leur haute origine,

Que peut seule imprimer la puissance divine,

Qui nous rendra possible, en traitant ce sujet,

Au moins de démontrer la cause par l'effet.

CINQUIÈME ÉTUDE

De tous temps, cette thèse occupa la pensée

Du philosophe et fut la plus controversée :

Car chacun composait son Dieu diversement.

De nos jours, des penseurs l'ont nié carrément.

Attendu que, pour eux, tous les êtres possibles

Sont par un sens, au moins, ou plusieurs perceptibles :

Ainsi l'odorat sent l'arôme exquis des fleurs,

Soustrait aux autres sens, ainsi que les odeurs ;

L'oreille seule entend le son et la musique ;

Un seul sens, le toucher, perçoit le calorique.

Ce qui se cache aux sens, compris l'ordre moral,

Il faut le reléguer dans le monde idéal

(Monde de fictions, de faits imaginaires,

Propre à fausser l'esprit des crédules vulgaires,

Le dompter, le plier à la soumission,

Lui faire préférer l'erreur à la raison.)

Il faut y reléguer l'ordre spirituel,

Formé d'êtres fictifs et le surnaturel.

Ainsi que le miracle, admis par l'ignorance,

La superstition et surtout de l'enfance.

Étant soustrait aux sens, il faut sans hésiter

Enfin y placer Dieu, que l'on dût inventer,

Dont les humains, toujours trompés par l'apparence,

Sans preuves, d'âge en âge, admettent l'existence.

Examinons d'abord si cette opinion

Est de la vérité l'exacte expression.

ÉTUDES

SUR

Plusieurs Substances soustraites aux sens.

PREMIÈRE ÉTUDE

Les corps, soustraits aux sens, sont nombreux au physique :

Plaçons au premier rang le fluide électrique,

Il s'annonce souvent en agent destructeur,

Et aux êtres inspire une secrète horreur.

Ce fluide est partout, nulle part n'est visible,

Même étant amassé demeure imperceptible ;

Ses effets néanmoins peuvent le signaler,

Par eux son existence a dû se révéler.

Concentré dans la nue il engendre la foudre,

Alors il brûle, brise ou réduit tout en poudre.

Sa puissance est immense, il tord le chêne altier

Plus aisément que l'homme une branche d'osier ;

Il est inoffensif et benin au contraire,

Lorsqu'il a recouvré son état ordinaire,

Et obéit à l'homme en zélé serviteur.

Jadis, on le croyait l'arme qu'un Dieu vengeur

Employait à punir, ici-bas, les coupables

Ou les intimider par ses bruits formidables.

DEUXIÈME ÉTUDE

Le fluide électrique est un simple élément,

La science aujourd'hui le prouve évidemment

Et sait l'approprier à différents usages :

L'homme en a recueilli de nombreux avantages.

Ainsi, lorsqu'il le veut, esclave obéissant,

Ce fluide franchit les mers et l'océan,

Aussi prompt que l'éclair en fait la traversée,

Porte d'un bout du monde à l'autre sa pensée.

Il peut le transformer en splendide soleil,

Répandant, dans l'espace, un éclat sans pareil,

Le faire circuler, à travers l'atmosphère,

Les métaux les plus durs, les êtres et la terre ;

Enflammer la torpille ou volcan sous les flots,

Et lancer dans les airs vaisseaux et matelots.

Véritable Protée à tout il s'associe

Dans les arts, la science et aussi l'industrie :

Il rend le sentiment aux nerfs paralysés,

Ressuscite un instant les morts galvanisés,

Enfin, depuis Franklin, dont le paratonnerre

A mis l'homme à l'abri des effets du tonnerre,

Ce fluide, au lieu d'être un agent destructeur,

Est enfin devenu pour l'homme un bienfaiteur.

TROISIÈME ÉTUDE

Le fluide invisible, appelé magnétique,

A sa place à côté du fluide électrique :

Il est sourtrait aux sens, mais existe partout,

A l'extérieur du globe et aux pôles surtout ;

Son existence fut et reste incontestée ;

Cette substance attire une aiguille aimantée

Constamment vers le nord, réside dans l'aimant,

Sert de guide aux marins à travers l'océan.

Ses effets en ont fait connaître l'existence :

La boussole partout en prouve la présence.

QUATRIÈME ÉTUDE

Citons un dernier corps, découvert par Newton,

Désigné sous le nom, par lui, d'attraction.

Ce corps tient suspendus les astres dans l'espace,

Et garde chacun d'eux en sa voie et sa place,

Sans néanmoins gêner leur circulation ;

Il est soustrait aux sens et agit en raison,

Inverse constamment du carré des distances,

Directe du volume et du poids des substances ;

Il attire, en tous sens, l'un vers l'autre, en tous lieux

La terre, le soleil et les astres entr'eux.

CINQUIÈME ÉTUDE

Voilà donc, bien comptés, trois corps imperceptibles,

Tous trois également aux sens inaccessibles :

On ne peut les palper, les goûter, ni les voir.

Aucun sens, en un mot, ne peut les percevoir.

Un seul de leurs effets, connu de la science,

Lui fit en découvrir et prouver l'existence,

Constater, en tout temps, leur présence en tous lieux.

Ces corps sont-ils les seuls, dérobés à nos yeux ?

Non ; le monde en est plein : mêlés à l'atmosphère,

D'imperceptibles gaz environnent la terre ;

Les êtres sont pourvus du principe vital ;

L'atôme, appartenant au règne minéral,

A sa force intrinsèque, spéciale, inhérente,

Le plus souvent active et quelquefois latente,

Qui les fait se chercher, s'unir, s'agglomérer

Et s'aggréger entr'eux ou se cristalliser.

Il est donc évident que, quoiqu'imperceptibles,

Les corps soustraits aux sens, sont néanmoins possibles.

SUITE
DES
Études sur Dieu, l'Ame et la Nature.

SIXIÈME ÉTUDE.

En est-il autrement des célestes esprits,

De ceux qui sont des cieux, par leur faute, proscrits ?

De la substance simple et immatérielle

Qui pense et juge en nous, que l'on croit immortelle ?

De cette autre substance, âme de l'univers,

Espérance du juste et effroi du pervers,

De tout ! cause première, éternelle et suprême ?

Peut-on, par la raison, résoudre ce problème ?

La raison est bornée, immense est le sujet !

Si l'on pouvait prouver la cause par l'effet ?

Cette preuve est certaine, irrécusable et claire,

Suffit à prouver Dieu ! puissance tutélaire,

Qui dispense la vie et règle les saisons,

Couvre les champs de blé, les brebis de toisons ;

Prévoit tous les besoins dans sa mansuétude,

Et les satisfait tous avec sollicitude.

SEPTIÈME ÉTUDE.

Je vous arrête ici, dit le libre penseur,

La nature, et non Dieu, de ces biens est l'auteur,

Jamais on ne vit Dieu ? la nature au contraire

Se montre à découvert, même aux yeux du vulgaire,

C'est elle qui fait croître et mûrir les moissons,

Distille, au cœur des fruits, d'agréables boissons.

La terre et ses produits composent le domaine

Dont elle est l'absolue et seule souveraine.

Elle dirige seule et régit à la fois

L'ordre physique entier par d'immuables lois.

Elle est evidemment l'âme de notre sphère

Ou force universelle inhérente à la terre.

Témoins de ses effets, la docte antiquité

Faisait de la nature une divinité.

Si l'on veut remonter à la cause première ?

La nature suffit pour expliquer la terre :

Faire d'un inconnu son véritable auteur,

C'est à la vérité substituer l'erreur.

HUITIÈME ÉTUDE.

Pour nous en assurer observons la nature,

C'est pour la bien juger la marche la plus sûre,

Nous verrons qu'elle fait, sans aucun changement,

Ce qu'elle fit toujours, mais sans discernement,

En effet elle agit, au sein de la matière

Et des êtres, toujours de la même manière :

Pour chaque œuvre elle emploie un mode spécial,

Mais le même aujourd'hui qu'au temps prémordial,

Si la nature agit dans un milieu sortable,

En pleine liberté ? son œuvre est convenable ;

Si le contraire a lieu ? alors son action

Engendre le désordre ou la destruction.

Elle fait bien ou mal avec indifférence,

De tout discernement cela prouve l'absence ;

Elle marche en aveugle et sans approprier

Son action au mal pour y remédier.

NEUVIÈME ÉTUDE.

Ainsi le grain semé, s'il porte des blessures,

Ou d'effluves malsaines, s'il reçoit les souillures,

Forme, avec le bon grain, de verdoyants tapis,

Que surmonte bientôt une forêt d'épis,

Dont les bons sont remplis d'une blanche farine,

Les mauvais de charbon réduit en poudre fine :

La nature à tous deux, donna les mêmes soins :

Pourvut également à leurs divers besoins.

Qu'un membre humain se brise ? aussitôt la nature

Travaille, et sans relâche, à souder la fracture.

Maintenu bien réduit, ? elle organise un cal

Qui ramène le membre à son état normal.

Mais si l'inverse a lieu ? dans sa marche ordinaire

La nature persiste et produit le contraire :

Au lieu de réunir, écarte les fragments

Et fait surgir alors de graves accidents.

Ainsi fait la vapeur aux flancs d'une machine,

Elle la fait mouvoir avec elle chemine,

Alors qu'elle déraille, active ses efforts,

De même la nature agit au sein des corps.

DIXIÈME ÉTUDE.

La nature, un instant, jamais ne se repose,

Sans cesse elle édifie et toujours décompose

Les êtres et les corps ; et leur destruction

Lui coûte moins de temps que leur formation :

Ainsi les animaux et les végétaux naissent,

Croissent, donnent leurs fruits et enfin disparaissent.

Sans cesse reproduits, tous ont le même sort.

Passent fatalement de la vie à la mort.

A ce double travail sa puissance est bornée,

Dans ce cercle restreint, elle semble enchaînée,

Elle y tourne sans cesse et ne peut en sortir,

En dehors son pouvoir ne se fait plus sentir,

ONZIÈME ÉTUDE.

Dans ces œuvres qu'elle est la part de la nature?

Chaque germe contient, mais en miniature,

Un organisme entier, auquel est inhérent

Le principe vital soit actif, soit latent,

Dans ce dernier état, ce principe sommeille

Dans le germe, ou bientôt la nature l'éveille :

Il donne à l'organisme alors l'impulsion

Qui lui fait accomplir son évolution.

La nature a placé dans le germe, à l'avance,

Le premier aliment qu'il change en sa substance,

Le principe vital donne l'impulsion.

La nature pourvoit à la nutrition.

Sans principe vital, sans germe ou sans semence,

La nature perdrait toute son influence,

Elle ne serait plus qu'un agent impuissant

Qui laisserait régner, ici-bas, le néant.

DOUZIÈME ÉTUDE.

Supposons supprimés les êtres de la terre,

La nature, y restant seule avec la matière,

Dans ces conditions, quel sera son pouvoir,

Pourrait-elle créer et faire tout mouvoir ?

Les siècles attestent le contraire :

En aucun lieu, jamais, on ne vit sur la terre

Ni dans les temps présents, ni jusquà leur berceau,

Nulle part apparaître un seul être nouveau,

Bien plus ; loin de créer, la nature impuissante

N'a point su conserver ni la race importante

Du mastodonte énorme et de plusieurs sauriens

·Ni de grands végétaux tous antédiluviens.

TREIZIÈME ÉTUDE.

Des squelettes entiers, restes de leurs dépouilles,

Découverts dans le sol, en pratiquant des fouilles,

Attestent leur séjour, dans un temps reculé,

Sur ce sol, qu'avant l'homme, ils ont longtemps foulé.

Enfin en compulsant les annales du monde

On voit que la nature, en ce sens inféconde,

N'a point su recréer ni les individus,

Ni le germe, d'un seul, de ces êtres perdus.

En conséquence on peut, hardiment en conclure

Que l'être créateur ne fut point la nature,

Qu'elle n'est, elle-même, avec le monde entier,

Qu'une création d'un suprême ouvrier.

QUATORZIÈME ÉTUDE.

Sous de nouveaux aspects observons la nature

De sa puissance ainsi nous aurons la mesure.

A l'époque où l'hiver déserte nos climats,

Suivi de son cortége inclément de frimats,

La terre dévastée est absolument nue,

Dans ses vaisseaux glacés la sève est retenue

Le règne végétal est mort apparemment.

Que devient la nature en ce triste moment?

La voit-on, n'importe où, faire acte de présence,

Donner, au moins encore, un signe d'existence ?

Aucun. Le printemps seul, par ses douces chaleurs,

Du règne de l'hiver répare les rigueurs :

Il rend aux végétaux leur brillante parure,

Et restitue au sol son tapis de verdure ;

La sève, que l'hiver mit en captivité,

Par le printemps recouvre aussi sa liberté.

QUINZIÈME ÉTUDE.

L'été vient, donne suite à l'œuvre printanière,

Sature de chaleur la terre et l'atmosphère ;

Par une persistance et vive impulsion,

Active fortement la végétation :

Par elle, incessamment, les végétaux grandissent,

Les fruits et les moissons se forment et mûrissent,

Le règne animal sent accroître sa vigueur,

Faut-il à la nature en décerner l'honneur ?

A : l'élévation de la température

Sont dûs ces résultats et non à la nature.

De même l'œuf pondu par l'autruche au désert,

Abandonné par elle et de sable couvert,

Chauffé par les rayons du chaud soleil d'Afrique,

Eclôt sous l'action de cet agent unique ;

Des essaims de poissons, d'insectes et d'oiseaux

Éclôsent sur la terre et jusqu'au fond des eaux,

Sous l'incubation de la chaleur solaire,

Ou du seul calorique animal ordinaire.

Sans la chaleur le sang se coagulerait,

Chez ses êtres la vie, à l'instant, s'éteindrait ;.

La terre transformée en un glaçon immense,

Serait évidemment impropre à l'existence.

SEIZIÈME ÉTUDE.

Dans des temps reculés, un sage observateur,

Zoroastre, voyant l'effet de la chaleur

Et celui du soleil, dispensant à la terre,

Sans jamais s'épuiser, la vie et la lumière,

En temps d'orage, au ciel voyant briller le feu,

Lui dressa des autels, l'adora comme un Dieu !

Plus rapprochés de nous, les Incas l'imitèrent :

Virent dans le Soleil un Dieu qu'ils adorèrent.

Ainsi le mot nature est un mot sans valeur,

Qui sert à désigner l'effet de la chaleur ;

Elle est évidemment du simple calorique

Mettant en action la puissance organique ;

DIX-SEPTIÈME ÉTUDE

Un seul peuple excepté, toute l'antiquité

A fait du calorique une divinité :

On brûlait nuit et jour, dans ses temples des cierges ;

A Rome on confiait le soin à des vierges,

D'entretenir le feu sacré sur les autels ;

Un oubli leur valait des supplices cruels.

A ces temps reculés, remonte l'origine

D'adorer dans le feu, la puissance Divine,

De tenir, en plein jour, des flambeaux allumés,
Dans les temples des dieux, par l'encens embaumés.

DIX-HUITIÈME ÉTUDE

Mais lorsque la nature est et reste excessive ?

Elle devient nuisible et même destructive :

En spoliant le sol, par degré, de ses eaux

Il cesse de fournir la sève aux végétaux ;

Ils périssent alors privés de nourriture,

Le calorique seul n'est donc point la nature ?

Car, loin de conserver le règne végétal,

Et le développer dans son ordre normal,

Le tenant sous le coup d'une chaleur torride,

Le ferait succomber par défaut de liquide.

DIX-NEUVIÈME ÉTUDE

De tous les points du sol et des mers notamment,

L'eau, réduite en vapeur, s'élève incessamment,

Se rassemble en nuage, au haut de l'atmosphère,

De là retombe en pluie et arrose la terre.

Les végétaux, souffrants de l'excès de chaleur,

Absorbent ce liquide et reprennent vigueur.

La chaleur cesse d'être encore meurtrière,

Et pour les végétaux redevient tutélaire,

La nature consiste alors, tout simplement,

Dans la chaleur unie au liquide élément.

VINGTIÈME ÉTUDE

Mais comment la vapeur, dans l'air disséminée,

En nuages nombreux est-elle rassemblée ;

Soustraite incessamment à la terre et aux mers

L'été retombe en pluie et en neige l'hiver ?

Quelle puissance fait, pendant les temps d'orages,

Contre le cours des vents circuler les nuages ?

La science aujourd'hui démontre avec clarté,

Que ces effets sont dus à l'électricité.

Sans elle la vapeur, dans les airs contenue,

Par l'action solaire y serait retenue.

Cessant d'être arrosé, dépouillé de ses eaux,

Le sol ne pourrait plus nourrir les végétaux,

La nature devient alors du calorique

Et de l'eau réunis au fluide électrique.

VINGT-UNIÈME ÉTUDE

Ces corps sont néanmoins encore insuffisants

pour assurer la vie aux êtres existants :

Car ils doivent puiser au sein de l'atmosphère

Leurs moyens d'existence autant que dans la terre.

Ils absorbent des corps apportés par les vents,

qui, sous forme de gaz, leur servent d'aliments :

Entr'autres du carbone et du gaz hydrogène.

Mais le plus important de tous est oxigène :

Ce gaz, jadis nommé phlogistique ou vital,

De la vie en ce monde est l'agent principal.

Sans lui, l'homme en naissant finirait sa carrière,

Le feu cesserait d'être ainsi que la lumière.

Les êtres retombant dans l'éternel repos,

Sans partage, ici-bas, règnerait le cahos.

VINGT-DEUXIÈME ÉTUDE

Les forces, en grand nombre, existant dans l'espace,

A l'intérieur du globe, ainsi qu'à sa surface ;

La force qui préside à la formation

Du germe et accomplit son évolution :

Celle dont l'action au sein de la matière,

Donne naissance au marbre, au diamant, à la pierre ;

Celle enfin qui revêt la terre de verdure

Par leur réunion composent la nature,

La nature est un mot absolument fictif,

Qui sert à désigner un pouvoir collectif

Dont chaque fraction agit à sa manière,

Sans connaître le but pour lequel elle opère.

VINGT-TROISIÈME ÉTUDE

Mais si ces fractions, prises isolément,

Causent, en général, un désordre apparent.

Leur ensemble, au contraire, avec art se marie

Et constitue un tout où règne l'harmonie.

Qui peut avoir conçu, ce tout, dont la splendeur

Confond l'esprit humain et le libre-penseur ?

Qui pût l'exécuter ? sinon l'omnipotence

Par l'amour inspirée et par l'omniscience ?

Cette conclusion, dit le libre-penseur,

Constitue à mes yeux, une évidente erreur :

Rien n'a pu commencer, le monde est éternel,

L'individu finit, l'organisme est mortel,

Mais l'espèce persiste et dans la nuit des âges

Son origine échappe à l'examen des sages.

Ce que l'on en a dit, fut par l'homme inventé,

Admettre que Dieu parle est une absurdité,

Je maintiens mon avis jusqu'à preuve contraire.

Nous allons la donner irrécusable et claire.

FIN DE LA PREMIÈRE PARTIE.

www.ingramcontent.com/pod-product-compliance
Lightning Source LLC
Chambersburg PA
CBHW060458050426
42451CB00009B/703